シルエットのきれいな
メンズパンツ
PANTS

CONTENTS

"おしゃれは足もとから"という言葉があるように、男の人のパンツはとても大切な役割があります。特に"シルエット"はおしゃれに見えるポイントとしてとても重要です。奇をてらったデザインものよりもベーシックなもののほうがこの言葉にはしっくりくる感じがします。

今回の書籍ではメンズウェアの基本となる"ドレス""ミリタリー""スポーツ""ワーク"の4つのカテゴリーの中で、代表的なデザインを取り上げました。それぞれの特長を生かしながらも現代的に感じられる"きれいに見えるシルエット"にこだわりました。

また"おしゃれは足もとから"のイメージを具現化するベルトやシューズ、靴下や丈の長さにもこだわり、スタイリングによってパンツたちが生き生きとしてくることも併せて伝わればと思い仕上げました。

どの作品もとてもベーシックなパンツたちです。だからこそ時間をかけて自分の手で縫い上げ愛着をもって長く着てもらえる価値があるのではと思います。この書籍が少しでもみなさまのお役に立てばと願っています！

杉本善英

DRESS

A
ノータックテーパード
page 4

how to make page 30

B
ノータックテーパードショーツ
page 6

how to make page 48

C
ワンタックテーパード
page 8

how to make page 49

D
ワンタックテーパードショーツ
page 10

how to make page 50

MILITARY	SPORT	WORK

E
ノータックストレート
page 12

how to make page 51

F
イージーカーゴ
page 14

how to make page 56

G
ノータックストレートショーツ
page 16

how to make page 60

H
イージーカーゴショーツ
page 17

how to make page 61

I
ジョグパンツ
page 18

how to make page 62

J
サーフショーツ
page 20

how to make page 65

K
イージーテーパード
page 22

how to make page 67

L
イージーテーパードショーツ
page 23

how to make page 68

M
ファイブポケットストレート
page 24

how to make page 69

N
ファイブポケットショーツ
page 26

how to make page 72

O
ワイドベーカー
page 27

how to make page 73

P
オーバーオール
page 28

how to make page 75

作り始める前に
page 41

A DRESS

ノータックテーパード

ドレスを代表する現代的なスマートシルエットです。ベーシックな仕様で縫製の基本型となります。品のいいスーピマコットンを使用したストレッチ素材で窮屈感は全くありません。センタープリーツが入りヒップポケット位置も高く設定し足長効果のあるデザインです。くるぶし丈ではくのがベストです。

how to make page 30

B DRESS

ノータックテーパードショーツ

Aのショーツタイプです。バミューダショーツとも呼ばれ1960年代にはアメリカで大流行しました。イギリス領バミューダ諸島で着用されたことが語源です。マドラスチェックはインドのマドラス地方で織られた夏に最適なコットン素材です。

how to make page **48**

C DRESS
ワンタックテーパード

Aをベースにワンタックを入れ、腰回りに少しゆとりを持たせクラシックな印象に仕上げました。Aと同様スーピマコットンストレッチ素材を使用し、足長効果のあるデザインです。水牛ボタンがトラディショナルなムードです。

how to make page **49**

D DRESS
ワンタックテーパードショーツ

Cのショーツタイプです。"セーリングクロス"と呼ばれるヨットの帆に使われた綿の平織物をイメージした素材で"パリッ"とした風合いとブルーストライプがとてもクリーンな印象です。レディスはSサイズを着用しています。

how to make page 50

E [MILITARY]

ノータックストレート

僕が大好きなミリタリーチノです。とても合わせやすいストレートシルエットです。ウエスト切替えなしで20番ステッチを効かせた男っぽいディテールです。ウェポン素材を使用し、センタープリーツはなく裾はロールアップ。洗い上りをラフにはくイメージです。ウェポンとは、アメリカのウェストポイント陸軍士官学校のユニフォーム素材に由来します。p.13のレディスはLサイズ、表紙のレディスはSサイズを着用しています。

how to make page **51**

F [MILITARY]

イージーカーゴ

ウエストイージー仕様のワイドシルエットカーゴです。ベトナム戦争時にアメリカ軍が使用したカーゴパンツをアレンジしました。フラップポケット裏には隠しボタンがつきステッチは20番です。ミリタリーグリーンのコットンダンプ素材を使用し、さらっとした張りのある風合いです。裾を絞りボリュームのあるシューズを合わせるとバランスよく見えます。

how to make page **56**

G MILITARY
ノータックストレートショーツ

Eのショーツタイプです。とても合わせやすいストレートシルエットでウエスト切替えなしで20番ステッチを効かせた男っぽいディテールです。太番のビンテージ風リネンキャンバスを使用し、洗いをかけると凹凸感が出てラフな印象です。

how to make page 60

H
MILITARY

イージーカーゴショーツ

Fのショーツタイプです。ウエストイージー仕様でゆったりとしたワイドシルエットです。コットンリップ素材にカムフラージュ柄をプリントしました。アウトドアシーンでも活躍するタフなイメージのショーツです。

how to make page 61

SPORT

ジョグパンツ

ウエストイージー仕様で裾にかけてほどよくスマートに見えるシルエットです。編み地の目をしっかりと詰めて肉感を出した裏毛素材で、ひざが出にくくシルエットがきれいです。型紙が洗練された印象なのでジャージー以外に布帛でもやぼったくなりません。前あきもなくシンプルな仕様です。レディスはSサイズを着用しています。

how to make page 62

J [SPORT]

サーフショーツ

Iのショーツタイプです。ウエスト部分は'70年代のサーフショーツ風ディテールを取り入れました。ポケット袋布にメッシュを使用しスイムショーツとしても着用できます。ウエスト右側にはキーループがつき、前あきはなくシンプルな仕様です。さらっとした張りのあるコットンダンプ素材を使用し、裾をロールアップするとスポーティな印象です。同型のプリントショーツはビンテージ生地を使用しています。

how to make page **65**

K SPORT

イージーテーパード

Iをベースに8分丈にしたバージョン。ウエストイージー仕様で前あきつきです。裾にかけてほどよくスマートに見えるシルエットです。さらっとした張りのあるコットンダンプ素材を使用し、8分丈なのでとても軽快な印象のリラックスパンツです。スニーカーとの相性もGOODです。

how to make page 67

L SPORT
イージーテーパードショーツ

Kのショーツタイプです。"セーリングクロス"と呼ばれるヨットの帆に使われた綿の平織物をイメージした素材で"パリッ"とした風合いです。ワイドストライプ柄の生地をボーダーに見えるように裁断しマリーン風に仕上げました。

how to make page 68

M [WORK]

ファイブポケットストレート

ワークパンツの代表"デニム"。Eと同じような合わせやすいストレートシルエットです。スマートに見えるように股上の深さやポケット位置など計算されたバランスで仕上げています。20番ステッチを使用し、オフセットされた後ろ中心のベルトループは'50年代のディテールのなごりです。12オンスクラスのヘビーすぎない国産デニムを使用しています。天然のインディゴ染料には虫よけや蛇よけの効果があると言われていますが現在の合成インディゴには残念ながら効果はないようです。

how to make page 69

N WORK

ファイブポケットショーツ

Mのショーツタイプで合わせやすいストレートシルエットです。リベットはなくし、20番ステッチでカジュアルっぽく仕上げました。3色のコーデュロイ生地をパッチワークしたインド製の生地で、とても柔らかいはき心地です。ユーモアのある大好きな生地です。

how to make page 72

O WORK
ワイドベーカー

Fと同じシルエットでウエストはイージー仕様。裾は絞らずストンとしたワイドシルエットです。20番ステッチを使用し、フロントの四角く外づけしたポケットが特徴的なディテールです。パン職人たちが仕事用にはいていたのが"ベーカー"の由来です。色彩やかなリネンキャンバス素材でゆったりとしたはき心地です。

how to make page 73

P [WORK]

オーバーオール

Oと同じゆったりとしたワイドシルエットベースです。オーバーオールは、1860年代アメリカ西部開拓時代に作業着として生まれました。胸ポケットには筆記用具などが入れられ、後ろ左下にはハンマーループ、右下にはスケールポケットがついた特徴的なデザインです。ライトオンスのストライプヒッコリー素材を使用し20番ステッチで仕上げました。デニム同様裾はロールアップしてラフにはくイメージです。レディスはSサイズを着用しています。

how to make page 75

A DRESS page 4
ノータックテーパード

このパンツにはポケットや前あき、ベルトつけなど、メンズパンツを仕立てる上での基本的なテクニックが詰まっています。また、初めての人でも作りやすいように本格的なメンズ仕立てを簡略化している部分もあります。プロセス写真と42ページからの図解とを併せてご覧ください。

材料
スーピマコットン:128cm幅2.3m（全サイズ）
スレキ（脇ポケット、後ろポケットの袋布）
　　　　　:102cm幅1m（全サイズ）
接着芯（持出し、見返し、脇ポケット口布、後ろポケット口布、
　　　前脇ポケット口、後ろポケット位置）
　　　　　:90cm幅30cm（全サイズ）
接着ベルト芯:3.5cm幅1m（全サイズ）
ファスナー（エフロン）:20cmを1本
ボタン（前中心、後ろポケット）:直径15mmを3個

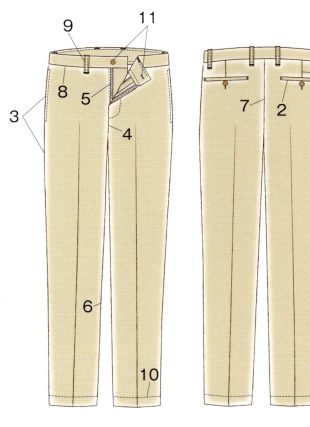

■ 準備

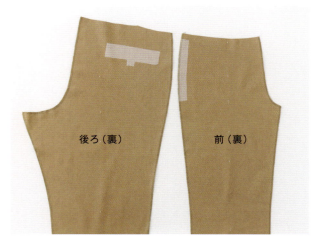

前脇ポケット口、後ろポケット位置の裏に接着芯をはる（p.43参照）。前後の脇、股下、股ぐりにロックミシンまたはジグザグミシンをかける。

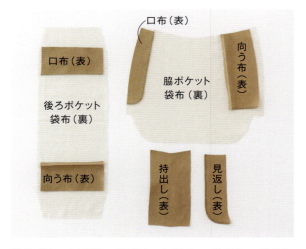

後ろポケット口布、脇ポケット口布、持出し、見返しの裏に接着芯をはる。見返しの奥、脇ポケット口布と後ろポケット口布の奥、脇ポケット向う布の下部にロックミシンまたはジグザグミシンをかける。

1 後ろのダーツを縫う

ダーツを縫い、縫い代は中心側に倒す。ダーツはプレスボールの上でなじませるようにアイロンをかける。ダーツ先のポケット位置の角はカーブに修正する（p.43参照）。

バスタオルをきつく巻いて、シーチングなどの残布でしばってくるむとプレスボールの代りになる。

2 後ろポケットを作る

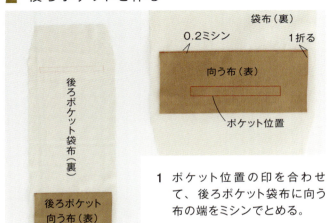

1 ポケット位置の印を合わせて、後ろポケット袋布に向う布の端をミシンでとめる。

2 ポケット位置に袋布を仮どめする。カーブの部分につけるので、プレスボールの上に後ろをのせてなじませ、ピンでとめる。

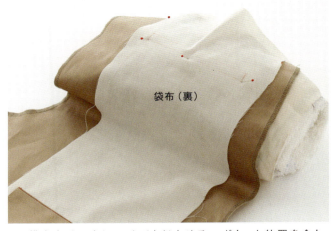

3 袋布をその上にのせてなじませる。ポケット位置を合わせてピンでとめる。

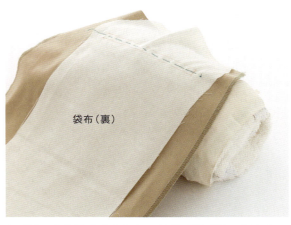

4 ポケット位置の中心にしつけ糸で粗く縫いとめる。

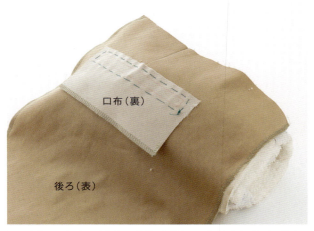

5 表に口布をつける。同じように口布をなじませてピンでとめ、ポケット位置の回りにしつけ糸で縫いとめる。

6 ポケット位置にミシンをかける。

7 ポケット位置に切込みを入れる。角は際まで斜めに切込みを入れる。

8 きれいに裏に返すために、ミシン目のところを指で折り目をしっかりつける。

9 口布を切込みから裏側に引き出し、指で折り目をつけ、形を整えてアイロンで押さえる。

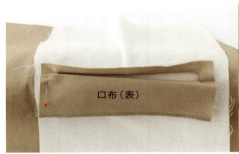

10 玉縁分を折り、ピンでとめて裏側からアイロンで軽く押さえ、ピンを外して表側から玉縁にアイロンをしっかりとかける。

11 表からポケット全体にアイロンをかけて整える。

玉縁の整えには筒形のプレスボールを使用すると作業がしやすい。雑誌などを丸めてシーチングでくるんだもの。

12 玉縁の際にしつけ糸で縫いとめる。

13 口布の下側を起こして、裏側から口布のミシン目の際にミシンでとめる。

14 口布を戻して形を整えてピンでとめ、後ろをよけて端を袋布にミシンでとめる。

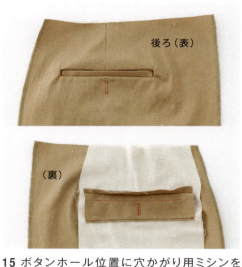

15 ボタンホール位置に穴かがり用ミシンを表からかける。

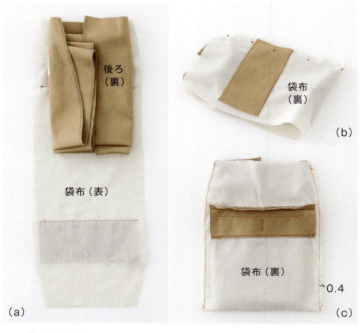

16 袋布を袋縫いする。後ろをたたみ、袋布で包んで端から0.4cmのところを縫う。

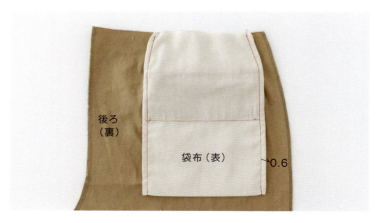

17
袋を表に返して後ろを出し、アイロンで整えて端から0.6cmのところを縫う。

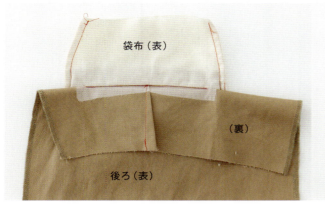

18 口布の上側と袋布、向う布をとめるミシンをかける。

19 ポケットの両端に3回重ねてミシンをかける。ウエストの縫い代部分に袋布を仮どめするミシンをかける。もう一方のポケットも同様に作る。

3 脇ポケットを作り、脇を縫う

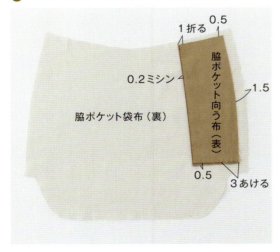

1 脇ポケット袋布に向う布の端をミシンでとめる。

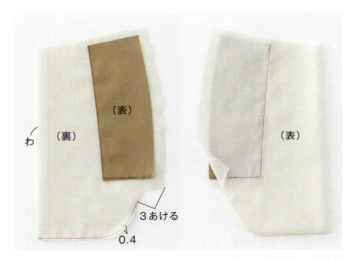

2 袋布を中表に折り、端から0.4cmのところを縫い、袋布を表に返してアイロンで整える。

3 前脇に袋布をとめ、ポケット口を残して脇を縫い合わせる。縫い代は割る。

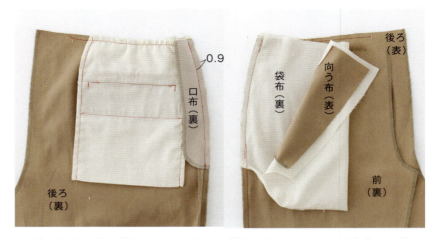

4 割った前の縫い代に口布をつける。端から0.9cmのところを縫い、脇の縫い目と重ならないようにする。向う布のついた袋布は縫い込まないようによけておく。

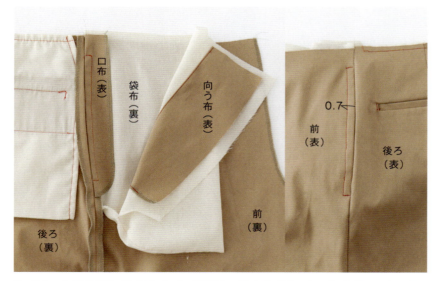

5 ポケット口の縫い代をアイロンで割り、表からポケット口に0.7cmのステッチをかける。

6 前をよけて口布の端を袋布にミシンでとめる。

7 後ろの縫い代と向う布を合わせて、脇縫い目に重ねて縫う。縫い代は割る。

8 袋布の端を1.5cm折ってかぶせ、後ろの縫い代にピンでとめる。端から0.5cmのところを縫いとめる。袋布の下を端から0.6cm、脇のあたりは0.2cmで縫う。ウエストの縫い代に仮どめミシンをかける。

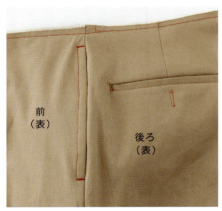

9 ポケット口の両端に3回重ねてミシンをかける。もう片方の脇ポケットも同様に作る。

4 前の股ぐりを縫う

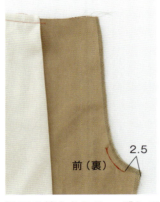

股下の端から2.5cm残してあき止りまで縫う。

5 前あきを作る

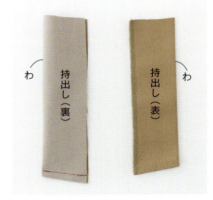

1 持出しを中表に合わせ、下端を縫って表に返し、2枚一緒にロックミシンまたはジグザグミシンをかける。

2 持出しにファスナーの片方の端をそろえてしつけでとめる。余分なファスナーは持出しから1cmほど残して切る。

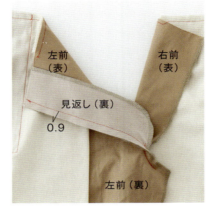

3 左前に見返しを中表に合わせて0.9cmのところを縫う。

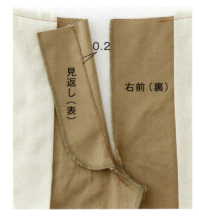

4 縫い代を見返し側に倒し、表から0.2cmのところにステッチをかける。

5 右前と持出しを中表に合わせて端から0.7cmのところをあき止りまで縫う。

6 縫い代をパンツ側に倒して整え、表から0.1cmのステッチをあき止りまでかける。

7 ファスナーのスライダーが抜けないようにピンで上をとめ、右前のステッチが見えないように左前を重ねて端をしつけでとめる。

8 裏に返して持出しをよけ、ファスナーのもう片方を端から0.7cmと0.2cmのところを見返しにミシンで縫いとめる。

9 持出しをよけ、表からステッチで見返しをとめる。

10 持出しを戻してあき止りの位置に3回重ねてミシンをかける。見返しの縫い代と持出しを3回重ねてミシンをかけてとめる(p.45-5参照)。

6 股下を縫う

それぞれ前と後ろの股下を中表に合わせて縫い、縫い代は割る。

7 股ぐりを縫う

1 左右のパンツの股ぐりを中表に合わせて、残りの股ぐりを縫う。股ぐりは2回ミシンをかける。

2 股ぐりの縫い代を割る。股ぐりの縫い代は通常のように広げて割ってしまうと股ぐりが伸びてしまうので、写真のようにプレスボールの上で片側ずつ縫い代を倒して、アイロンで押さえる。

8 ウエストベルトを作り、つける

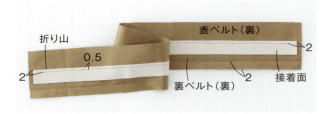

1 ウエストベルトを作る。接着ベルト芯のざらざら面（接着面）を上にして、裏ベルトの折り山に端を合わせ、ミシンでとめる。両端は2cm縫い残しておく。裏ベルトの端はアイロンで2cmの折り目をつけておく。

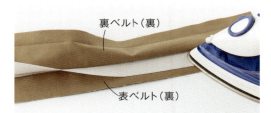

2 接着ベルト芯を起こして、表ベルトにアイロンで接着する。

3 両端を中表に合わせてベルトの際を縫い、縫い代を指で押さえて、表に返す。

4 パンツと表ベルトを中表に合わせて、両端を持出しと前端にきちんと合わせ、ミシンをかける。

5 ベルトを表に返して整え、表からベルトの際に落しミシンをかける。裏前端のみ斜めに折る。

9 ベルトループを作り、つける

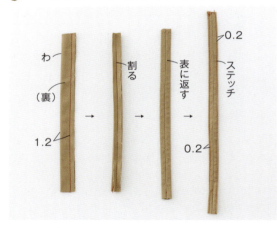

1 ループは中表に合わせて縫い、中心で縫い代を割る。表に返して両端にステッチをかける。長いループを作り、必要な本数にカットする。

2 ベルト上にループを縫いつけ、出来上りに折ってステッチでとめる。

10 裾を始末する

裾を三つ折りにしてステッチをかける。

11 ボタンホールを作り、ボタンをつける

穴かがり用ミシンの中心に切込みを入れる。厚紙をポケットに入れて、袋布を切らないように気をつけて、カッターで際まで切込みを入れる。穴かがりをする。
（→ p.47に続く）

作り始める前に

サイズのこと

本書ではS、M、L、XL、XXLの5サイズがあります。寸法表から自分に近いサイズを選んでください。

S、Mはレディスでも着られる寸法になっています。パンツはオーソドックスなストレートの細身のものからワイドなシルエットのものまでいろいろあります。各作り方ページの出来上り寸法表を参考にしてください。

サイズ選びに迷う場合には、普段はいている好みのパンツの出来上り寸法をはかり、比べるといいでしょう。

ウエストの出来上り寸法ですが、通常ウエストは胴回りのいちばん細いところをいいますが、最近のパンツは股上が浅めのため、出来上り寸法が大きくなっています。

またパンツの長さは自分のパンツの股下と出来上り寸法を比べて好みの長さに調節してください。裾を始末する前にはいてみて、直してもいいでしょう。

モデルはメンズが身長180cm、ウエスト79cm、ヒップ94cmでLサイズを、レディスが身長164cm、ウエスト64cm、ヒップ88cmでSサイズを着用しています。

寸法表

（単位はcm）

サイズ	S	M	L	XL	XXL
身長	150～160	160～170	170～180	180～185	185～190
ウエスト	66～74	72～80	78～86	84～92	90～98
ヒップ	84～90	88～94	92～98	96～102	100～106

実物大パターンについて

実物大パターンには縫い代がついていません。各作り方ページの裁ち方を見て、写しとったパターンに縫い代をつける方法か、布地に出来上り線をしるし、それから縫い代の線をしるす方法のどちらかを選んでください。布目線、合い印、タック線、ボタン位置なども忘れずに写しましょう。

紙の大きさの都合上、一部のパンツの裾は線を延長するようになっています。

裁断について

各作品の［裁ち方］はLサイズで示してあります。サイズによって配置が変わることがあります。まずは、布の上にすべてのパターンを配置し、確認してから裁断しましょう。

A DRESS ノータックテーパード page 4 実物大パターンA面

ストレッチ素材を使用しているので、はき心地のよいパンツです。センタープリーツを入れる場合には、パターンから位置をしつけ糸などで布地にしるしておき、最後の仕上げのときにアイロンで折り目をつけましょう。材料はp.30をご覧ください。縫い方が写真で解説されていますので、図解と併せて見るとわかりやすいでしょう。

作り方

準備…持出し、見返し、脇ポケット口布、後ろポケット口布、
　　前脇ポケット口、後ろポケット位置に接着芯をはる
　　前後の脇、股下、股ぐり、見返しの奥、脇ポケット口布と後ろポケット
　　口布の奥、脇ポケット向う布の下部にM

1　後ろのダーツを縫う
2　後ろポケットを作る
3　脇ポケットを作り、脇を縫う
4　前の股ぐりを縫う
5　前あきを作る
6　股下を縫う(縫い代は割る)
7　股ぐりを縫う
8　ウエストベルトを作り、つける
9　ベルトループを作り、つける
10　裾を始末する
11　ボタンホールを作り、ボタンをつける

*Mはロックミシンまたはジグザグミシンをかけるの略

出来上り寸法表 (単位cm)

	S	M	L	XL	XXL
ウエスト	78	82	86	90	94
ヒップ	94	98	102	106	110
股上	22.5	23	23.5	24	24.5
股下	85	85	85	85	85

[裁ち方]

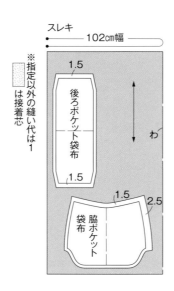

1 後ろのダーツを縫う

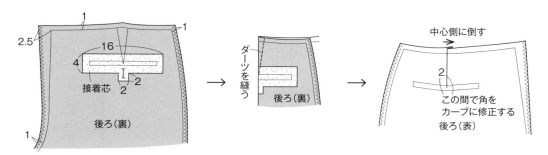

2 後ろポケットを作る

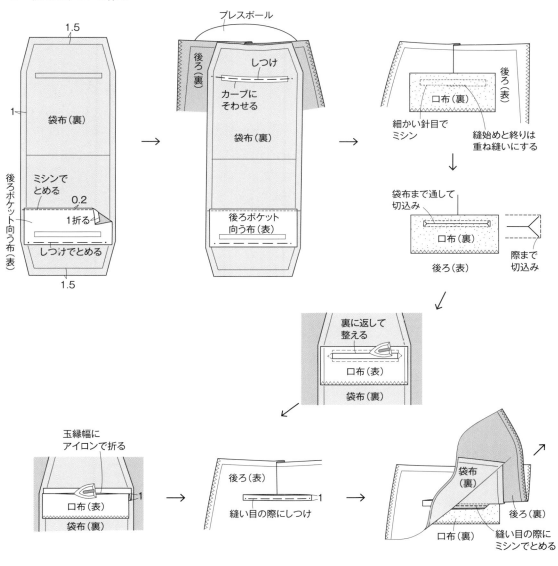

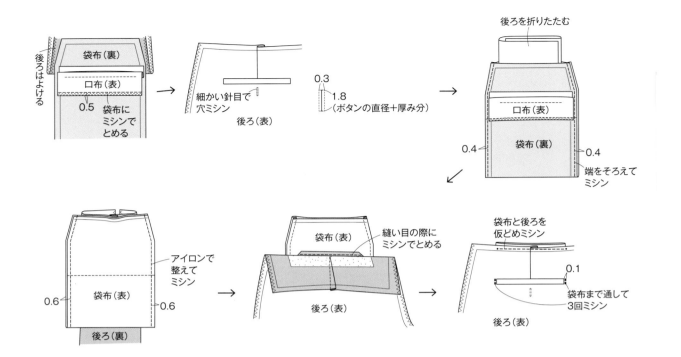

3 脇ポケットを作り、脇を縫う

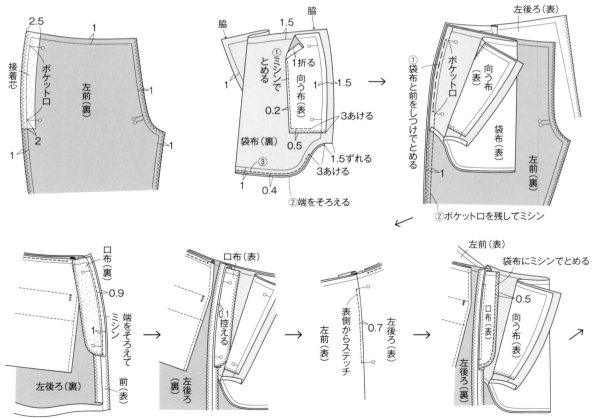

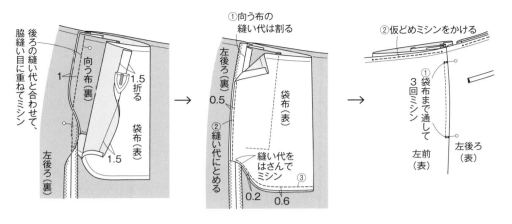

4 前の股ぐりを縫う

5 前あきを作る

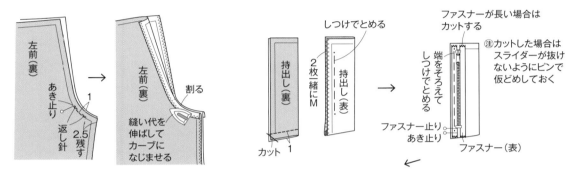

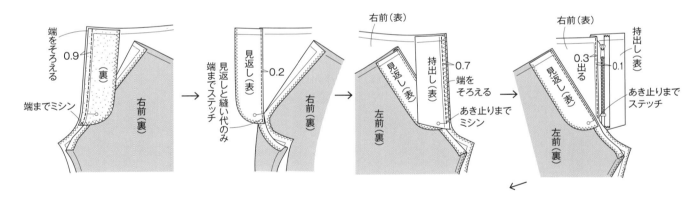

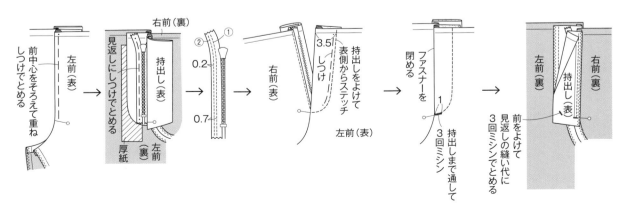

7 股ぐりを縫う

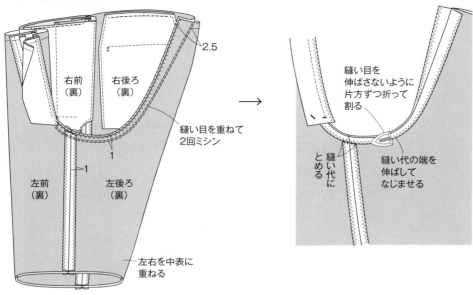

8 ウエストベルトを作り、つける

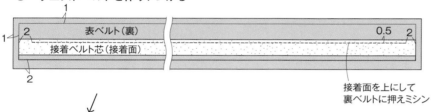

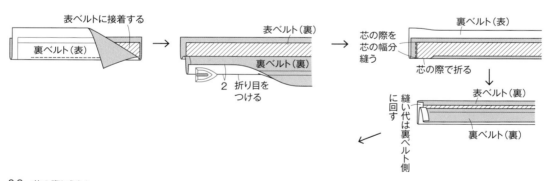

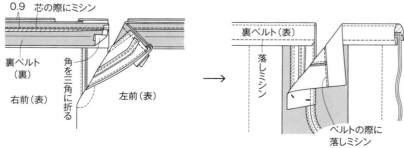

9 ベルトループを作り、つける

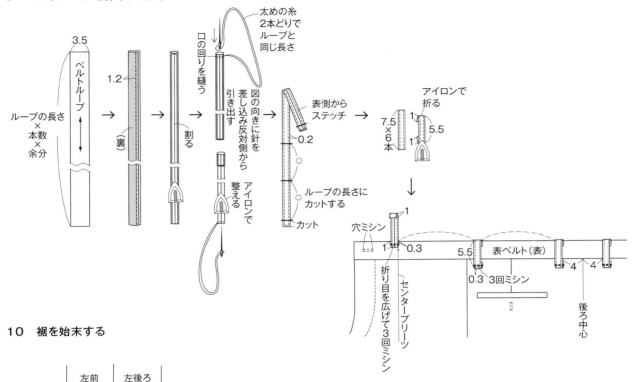

10 裾を始末する

11 ボタンホールを作り、ボタンをつける

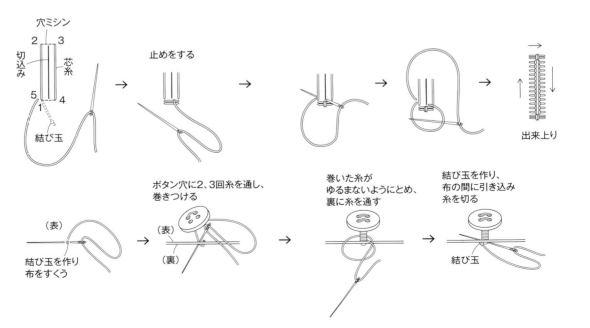

B DRESS ノータックテーパードショーツ page6　実物大パターンA面

Aのデザインと同じで、丈だけをカットしました。グリーンもマドラスチェックもどちらも綿素材です。チェックの場合には脇線で柄を合わせるときれいな仕上りになります。そのために、布地の使用量が少し余分にかかります。センタープリーツを入れる場合には、パターンから位置をしつけ糸などで布地にしるしておき、最後の仕上げのときにアイロンで折り目をつけましょう。

材料
綿素材：グリーン　112cm幅1.4m（全サイズ）
　　　　チェック　112cm幅1.5m（全サイズ）
スレキ（脇ポケット袋布、後ろポケット袋布）：102cm幅1m
　（全サイズ）
接着芯（持出し、見返し、脇ポケット口布、後ろポケット口布、
　　前脇ポケット口、後ろポケット位置）：90cm幅30cm（全サイズ）
接着ベルト芯：3.5cm幅1m（全サイズ）
ファスナー（エフロン）：20cmを1本
ボタン（前中心、後ろポケット）：直径15mmを3個

作り方
Aと同じ（p.30～40、42～47参照）

出来上り寸法表
（単位cm）

	S	M	L	XL	XXL
ウエスト	78	82	86	90	94
ヒップ	94	98	102	106	110
股上	22.5	23	23.5	24	24.5
股下	25	25	26	26	27

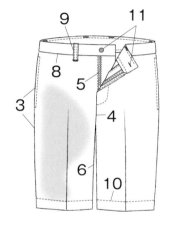
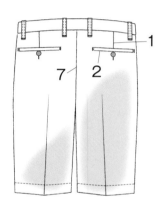
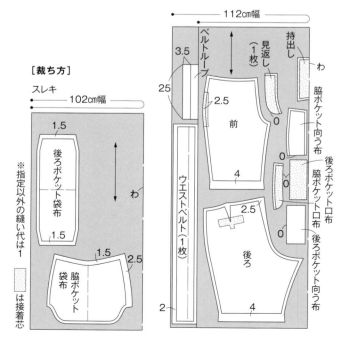

C [DRESS] ワンタックテーパード *page* 8   実物大パターンA面

Aのデザインの前ウエストにタックを入れたものです。ストレッチ性のあるスーピマコットンを使用しているので、はき心地がよいパンツです。センタープリーツを入れる場合には、パターンから位置をしつけ糸などで布地にしるしておき、最後の仕上げのときにアイロンで折り目をつけましょう。

材料

スーピマコットン:128cm幅2.3m(全サイズ)
スレキ(脇ポケット袋布、後ろポケット袋布)
　:102cm幅1m(全サイズ)
接着芯(持出し、見返し、脇ポケット口布、後ろポケット口布、
　前脇ポケット口、後ろポケット位置):90cm幅30cm(全サイズ)
接着ベルト芯:3.5cm幅1m(全サイズ)
ファスナー(エフロン):20cmを1本
ボタン(前中心、後ろポケット):直径15mmを3個

作り方

準備…持出し、見返し、脇ポケット口布、後ろポケット口布、
　前脇ポケット口、後ろポケット位置 に接着芯をはる
　前後の脇、股下、股ぐり、見返しの奥、脇ポケット口布と
　後ろポケット口布の奥、脇ポケット向う布の下部にM
1　後ろのダーツを縫う(縫い代は中心側に倒す)
　　ダーツのため角になったポケット位置を修正する
　　前のタックを縫う
2以降はAと同じ(p.30〜40、42〜47参照)
*Mはロックミシンまたはジグザグミシンをかけるの略

出来上り寸法表　(単位cm)

	S	M	L	XL	XXL
ウエスト	78	82	86	90	94
ヒップ	98.8	102.8	106.8	110.8	114.8
股上	22.5	23	23.5	24	24.5
股下	85	85	85	85	85

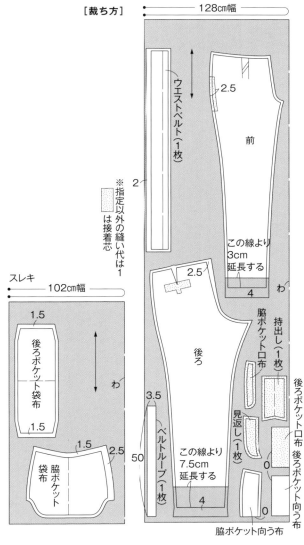

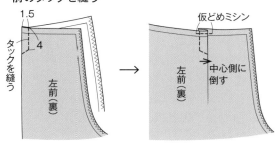

1　前のタックを縫う

D [DRESS] ワンタックテーパードショーツ *page 10* 実物大パターンA面

Cのデザインと同じで、丈だけをカットしました。綿の平織りでさらっとした着心地のよい素材です。センタープリーツを入れる場合には、パターンから位置をしつけ糸などで布地にしるしておき、最後の仕上げのときにアイロンで折り目をつけましょう。

材料
セーリングクロス:118cm幅1.4m(全サイズ)
スレキ(脇ポケット袋布、後ろポケット袋布)
　:102cm幅1m(全サイズ)
接着芯(持出し、見返し、脇ポケット口布、後ろポケット口布、
　前脇ポケット口、後ろポケット位置):90cm幅30cm(全サイズ)
接着ベルト芯:3.5cm幅1m(全サイズ)
ファスナー(エフロン):20cmを1本
ボタン(前中心、後ろポケット):直径15mmを3個

作り方
Cと同じ(p.49参照)

出来上り寸法表
(単位cm)

	S	M	L	XL	XXL
ウエスト	78	82	86	90	94
ヒップ	98.8	102.8	106.8	110.8	114.8
股上	22.5	23	23.5	24	24.5
股下	25	25	26	26	27

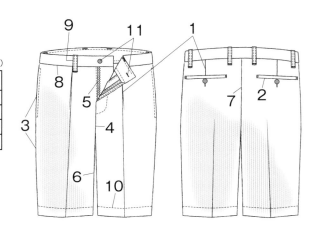

[裁ち方]

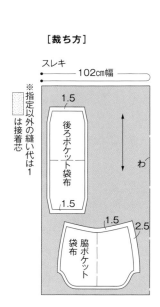

E MILITARY ノータックストレート *page* 12 実物大パターンB面

ウエストベルトがなく、見返しで始末するデザインのパンツです。ウエストの始末以外はAのパンツと縫い方は同じです。チノクロスの生地に同色の20番ミシン糸でダブルステッチをかけています。

材料
- チノクロス：150cm幅1.8m（全サイズ）
- スレキ（脇ポケット袋布、後ろポケット袋布、ウエスト見返し）
  ：102cm幅1m（全サイズ）
- 接着芯（持出し、見返し、脇ポケット口布、後ろポケット口布、
  前脇ポケット口、後ろポケット位置、ウエスト見返し）
  ：90cm幅60cm（全サイズ）
- ファスナー（金属）：15cmを1本
- ボタン（前中心）：直径18mmを1個、（後ろポケット）：15mmを1個
- 20番ミシン糸

作り方
準備…持出し、見返し、脇ポケット口布、後ろポケット口布、
　　　前脇ポケット口、後ろポケット位置、ウエスト見返しに接着芯をはる
　　　前後の股ぐり、見返しの奥、脇ポケット口布と 後ろポケット口布の
　　　奥、脇布の奥にM

1. 後ろのダーツを縫い、ステッチをかける
2. 後ろポケットを作る（→p.30～35、43）
3. 脇ポケットを作る
4. あき止りから下の前股ぐりを途中まで縫う（縫い代は割る）
   （→p.37、45）
5. 前あきを作る
6. 脇を縫い、ステッチをかける
7. 股下を縫う（2枚一緒にM。縫い代は前側に倒す）
8. 2回ミシンで股ぐりを縫う（→p.39、46）
   縫い代を左側に倒し（あき止りの下は自然に倒す）、後ろ股ぐり
   にステッチをかける
9. ウエスト見返しの後ろ中心を縫い合わせる（縫い代は割る）
   パンツとウエスト見返しを中表に合わせて縫い返し、
   ステッチで仕上げる
10. 前あきを仕上げる
11. ベルトループを作り、つける（→p.40、47）
12. 裾を始末する
13. ボタンホールを作り、ボタンをつける（→p.40、47）

*Mはロックミシンまたはジグザグミシンをかけるの略

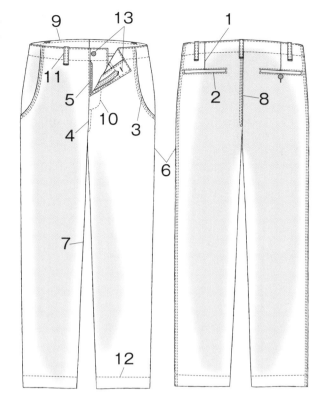

出来上り寸法表
(単位cm)

	S	M	L	XL	XXL
ウエスト	80	84	88	92	96
ヒップ	100	104	108	112	116
股上	24.5	25	25.5	26	26.5
股下	82	82	82	82	82

[裁ち方]

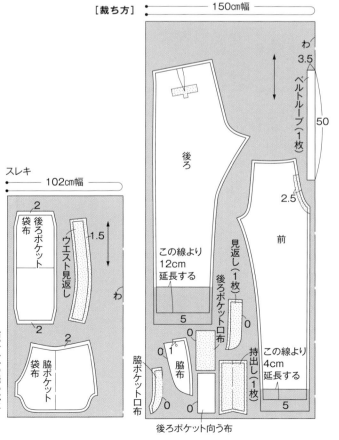

1 後ろのダーツを縫い、ステッチをかける

2 後ろポケットを作る

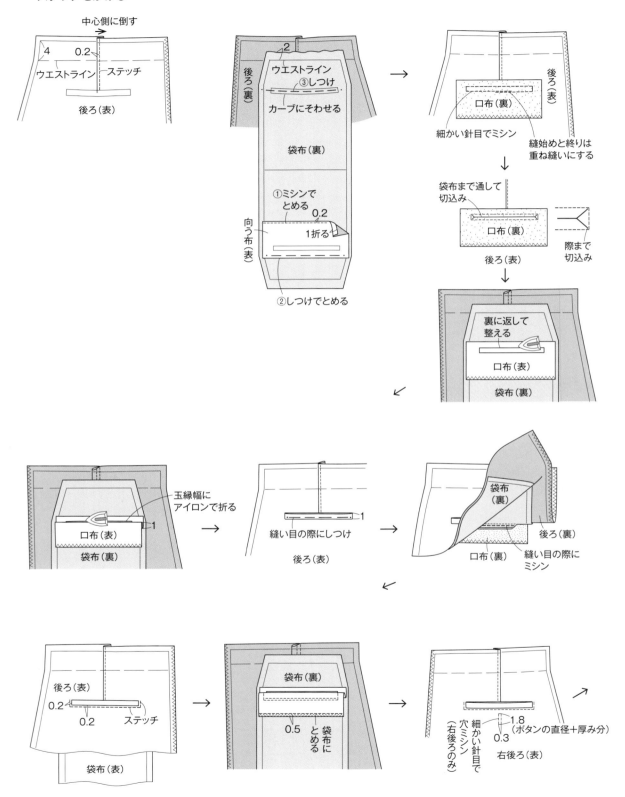

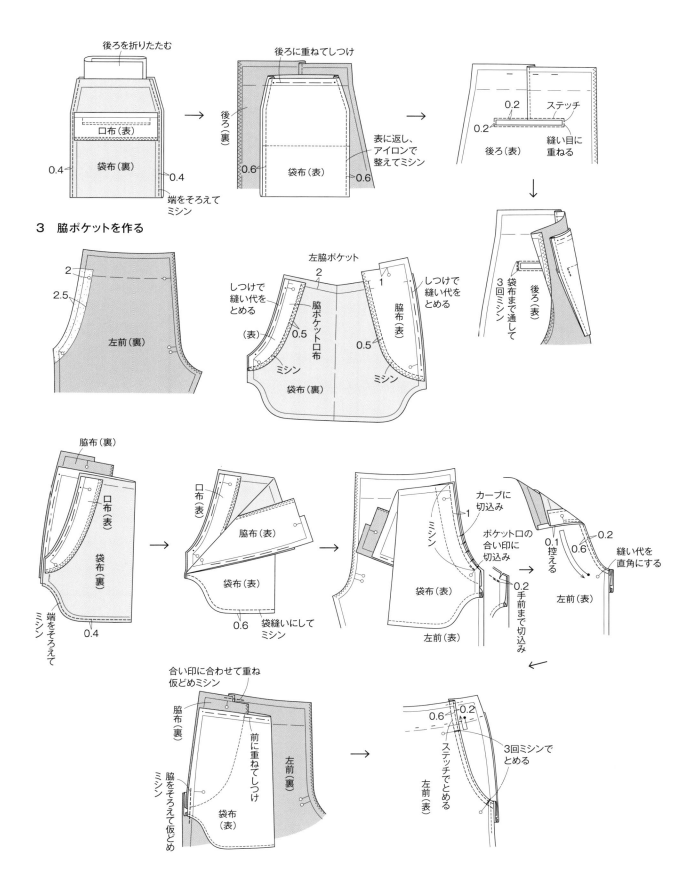

3 脇ポケットを作る

5 前あきを作る

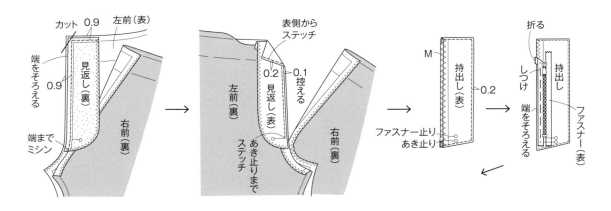

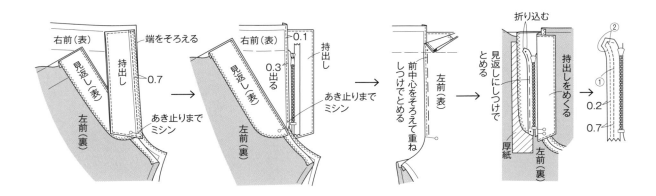

6 脇を縫い、ステッチをかける

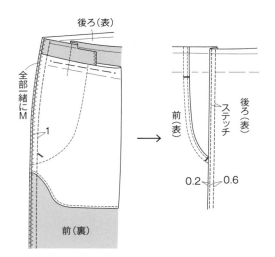

8 2回ミシンで股ぐりを縫う
縫い代を左側に倒し、
後ろ股ぐりにステッチをかける

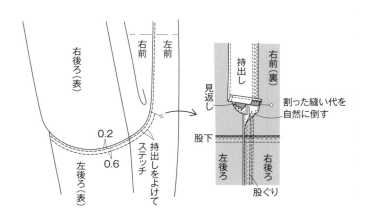

9 ウエスト見返しの後ろ中心を縫い合わせる
パンツとウエスト見返しを中表に合わせて縫い返し、ステッチで仕上げる

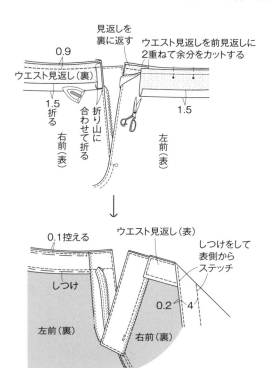

パンツと見返しを縫い合わせたら裏に返して、アイロンで見返しを0.1cm控えて、整える。

しつけをして表側からウエスト回りにステッチをかける。

10 前あきを仕上げる

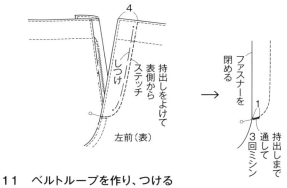

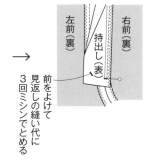

11 ベルトループを作り、つける

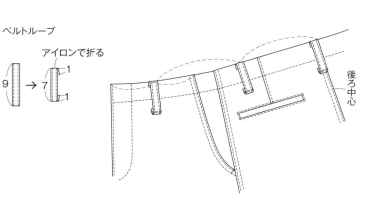

12 裾を始末する

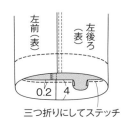

F [MILITARY] イージーカーゴ page 14 実物大パターンA,C面

張りのあるコットンダンプ素材を使用したパンツです。ポケットのフラップには、表からボタンが見えないような工夫がされています。一見難しそうに見えますが、意外と簡単に作ることができます。ステッチは20番ミシン糸を使用。

出来上り寸法表 （単位cm）

	S	M	L	XL	XXL
ウエスト	93	97	101	105	109
ヒップ	103	107	111	115	119
股上	25	25.5	26	26.5	27
股下	69	69	69	69	69

＊ウエストはゴムテープを伸ばした状態の寸法

材料
コットンダンプ：150cm幅2m（全サイズ）
スレキ（脇ポケット袋布、後ろポケット袋布）
　：102cm幅1m（全サイズ）
接着芯（ウエストベルト、持出し、見返し、脇ポケット口布、
　脇パッチポケット口布、後ろポケット口布、前脇ポケット口、
　後ろポケット位置、裾ひも通し口、当て布、フラップの
　ボタンホール）：90cm幅60cm（全サイズ）
ファスナー（金属）：15cmを1本
ゴムテープ：3cm幅S＝74、M＝78、L＝82、XL＝86、XXL＝90cm
　（縫い代2cm込み）
ボタン（脇パッチポケット、後ろポケット）：直径18mmを6個
20番ミシン糸

作り方
準備…ウエストベルト、持出し、見返し、脇ポケット口布、
　脇パッチポケット口布、後ろポケット口布、前脇ポケット口、
　後ろポケット位置、裾ひも通し口、当て布、フラップの
　ボタンホールに接着芯をはる
　ウエストベルトの芯は5mm重ねばりにしてはぐ
　前後の股ぐり、見返しの奥、脇ポケット口布と後ろポケット口布
　の奥、脇布の奥にM

1　脇パッチポケットとフラップ、後ろポケットのフラップを作る
2　後ろポケットを作る
3　脇ポケットを作る（→p.53）
4　あき止りから下の前股ぐりを途中まで縫う（縫い代は割る）
　（→p.37、45）
5　前あきを作る（→p.37、45）
6　脇を縫い（全部一緒にM。縫い代は後ろ側に倒す）、
　ステッチをかける（→p.54）
7　脇パッチポケットをつける
8　股下を縫う（2枚一緒にM。縫い代は前側に倒す）
9　2回ミシンで股ぐりを縫う（→p.39、46）
　縫い代を左側に倒し（あき止りの下は自然に倒す）、
　後ろ股ぐりにステッチをかける
10　ウエストベルトにひも通し口とゴムテープ通し口を作る
11　ウエストベルトをつける
12　裾を始末する
13　ウエストと裾のひもを作る
14　ウエストベルトにゴムテープとひもを通し、後ろ中心を
　ステッチでとめる
　ゴムテープ通し口をとじる
　裾にひもを通す

＊Mはロックミシンまたはジグザグミシンをかけるの略

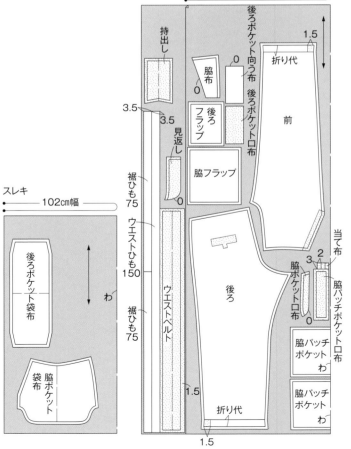

[裁ち方]

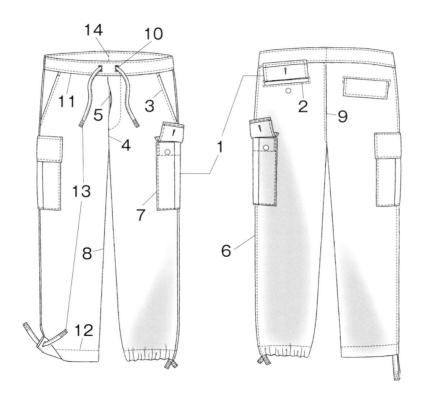

1 脇パッチポケットとフラップ、後ろポケットのフラップを作る

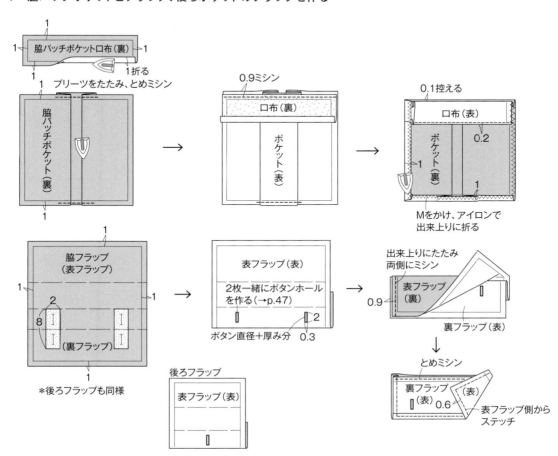

2 後ろポケットを作る

*玉縁の縫い目の際にしつけをかけるまでp.43と同じ

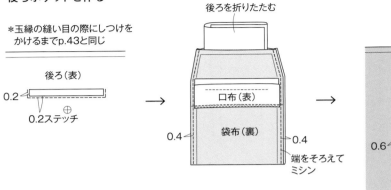
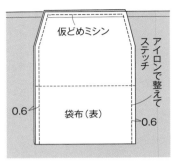

3 脇ポケットを作る

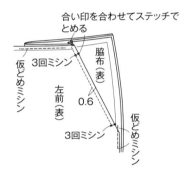
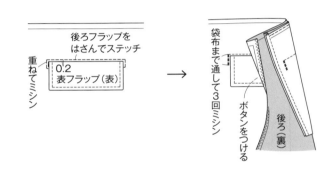

7 脇パッチポケットをつける

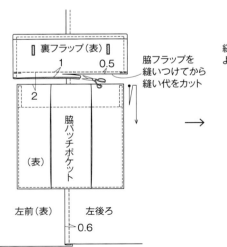
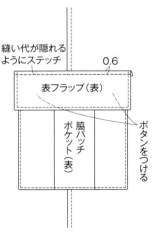

9 2回ミシンで股ぐりを縫う
縫い代を左側に倒し、後ろ股ぐりにステッチをかける

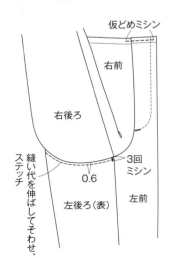

10　ウエストベルトとひも通し口とゴムテープ通し口を作る

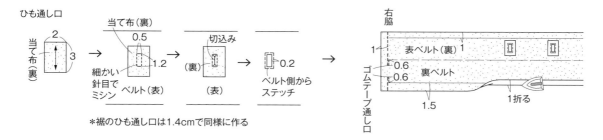

11　ウエストベルトをつける

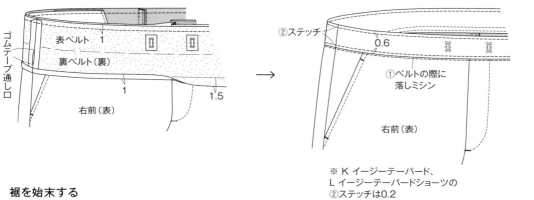

※ K イージーテーパード、L イージーテーパードショーツの②ステッチは0.2

12　裾を始末する

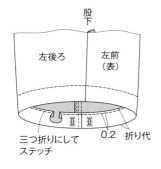

13　ウエストと裾のひもを作る

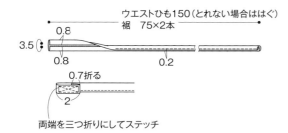

14　ウエストベルトにゴムテープとひもを通し、後ろ中心をステッチでとめる　ゴムテープ通し口をとじる

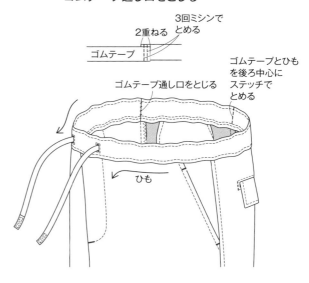

G [MILITARY] ノータックストレートショーツ page 16 実物大パターンB面

Eのデザインと同じで、丈だけをカットしました。肉厚のリネンキャンバス地を使用して20番ミシン糸でステッチを効かせています。

材料
リネンキャンバス：118cm幅1.4m（全サイズ）
スレキ（脇ポケット袋布、後ろポケット袋布、ウエスト見返し）
　　：102cm幅1m（全サイズ）
接着芯（持出し、見返し、脇ポケット口布、後ろポケット口布、
　　前脇ポケット口、後ろポケット位置、ウエスト見返し）
　　：90cm幅60cm（全サイズ）
ファスナー（金属）：15cmを1本
ボタン（前中心）：直径18mmを1個、（後ろポケット）：15mmを1個
20番ミシン糸

作り方
Eと同じ（p.51～55参照）

出来上り寸法表
（単位cm）

	S	M	L	XL	XXL
ウエスト	80	84	88	92	96
ヒップ	100	104	108	112	116
股上	24.5	25	25.5	26	26.5
股下	25	25	26	26	27

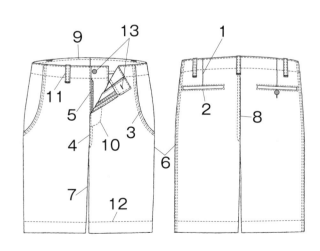

[裁ち方]

H MILITARY イージーカーゴショーツ page17 実物大パターンA,C面

Fのデザインと同じで、丈だけをカットしました。格子状の織り柄に特徴のある、コットンリップ素材を使用。20番のミシン糸でステッチを効かせています。

材料
コットンリップ：112cm幅2.1m（全サイズ）
スレキ（脇ポケット袋布、後ろポケット袋布）
　：102cm幅1m（全サイズ）
接着芯（ウエストベルト、持出し、見返し、脇ポケット口布、
　脇パッチポケット口布、後ろポケット口布、前脇ポケット口、
　後ろポケット位置、当て布、フラップのボタンホール）
　：90cm幅60cm（全サイズ）
ファスナー（金属）：15cmを1本
ゴムテープ：3cm幅 S=74、M=78、L=82、XL=86、XXL=90cm
　（縫い代2cm込み）
ボタン（脇パッチポケット、後ろポケット）：直径18mmを6個
20番ミシン糸

出来上り寸法表
（単位cm）

	S	M	L	XL	XXL
ウエスト	93	97	101	105	109
ヒップ	103	107	111	115	119
股上	25	25.5	26	26.5	27
股下	25.5	25.5	26.5	26.5	27.5

＊ウエストはゴムテープを伸ばした状態の寸法

作り方
Fと同じ（p.56〜59参照）
＊裾は三つ折りステッチでひもは通さない

I SPORT ジョグパンツ page 18 実物大パターンC面

裏毛のジャージー素材を使用した、肌触りの優しいパンツです。前あきもないので、初めての人でも作りやすいデザインです。

材料
裏毛ジャージー：180cm幅1.2m（全サイズ）
スレキ（脇ポケット袋布）：102cm幅40cm（全サイズ）
接着芯（ウエストベルト、脇ポケット口布、前脇ポケット口）
　：90cm幅60cm（全サイズ）
ゴムテープ：3.5cm幅（ウエスト）S＝74、M＝78、L＝82、XL＝86、
　XXL＝90cm（縫い代2cm込み）
　（裾）S＝23.5×2、M＝24.5×2、L＝25×2、XL＝26×2、
　XXL＝26.5×2cm（縫い代2cm込み）
麻テープ（ウエストひも）：2cm幅1.5m

作り方
準備…ウエストベルト、脇ポケット口布、脇ポケット口に接着芯をはる
　ベルトの芯は5mm重ねばりにしてはぐ
　前後のウエスト、股下、股ぐり、裾、後ろ脇、裏ベルトの端、
　後ろポケットの周囲にM
1　後ろポケットを作り、つける
2　脇ポケットを作る
3　脇を縫い、割りステッチをかける
4　裾にゴムテープ通し口を残して股下を縫い（縫い代は割る）、
　　割りステッチをかける
5　裾を始末する
6　股ぐりを縫い、割りステッチをかける
7　ウエストベルトにひも通し口とゴムテープ通し口を作る
8　ウエストベルトをつける
9　麻テープを二つ折りにして縫い、ウエストひもにする
10　ウエストベルトにゴムテープとひもを通し、後ろ中心をステッチで
　　とめる（→p.59）
　　裾にゴムテープを通す
　　ゴムテープ通し口をかがる
＊Mはロックミシンまたはジグザグミシンをかけるの略

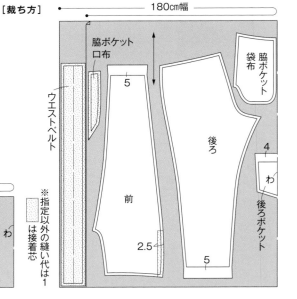

出来上り寸法表
（単位cm）

	S	M	L	XL	XXL
ウエスト	89.8	93.8	97.8	101.8	105.8
ヒップ	100.5	104.5	108.5	112.5	116.5
股上	23	23.5	24	24.5	25
股下	69	69	69	69	69

＊ウエストはゴムテープを伸ばした状態の寸法

1　後ろポケットを作り、つける

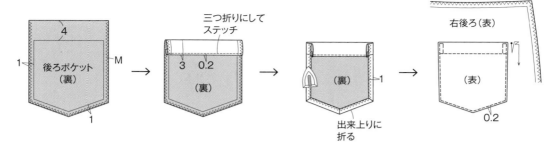

2　脇ポケットを作る

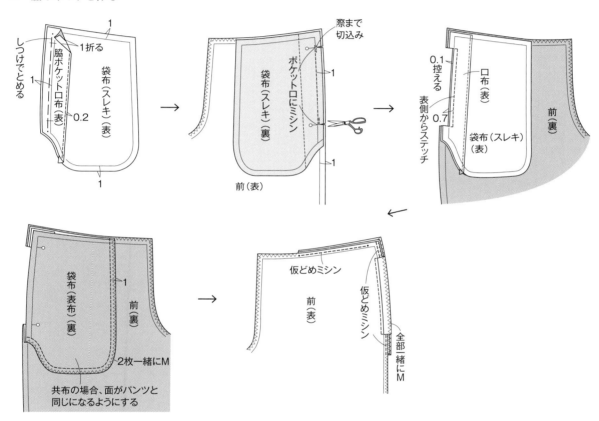

3　脇を縫い、割りステッチをかける

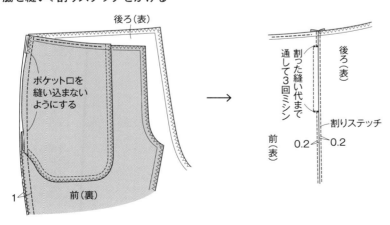

5 裾を始末する

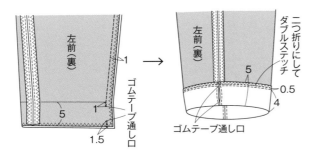

6 股ぐりを縫い、割りステッチをかける

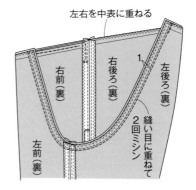

7 ウエストベルトにひも通し口とゴムテープを通し口を作る

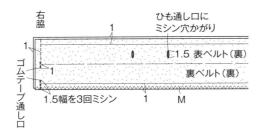

8 ウエストベルトをつける

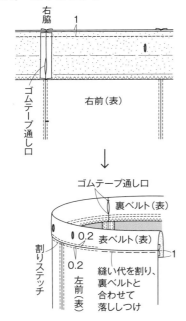

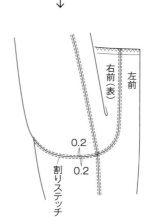

9 麻テープを二つ折りにして縫い、ウエストひもにする

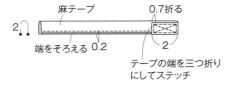

J SPORT サーフショーツ page 20 実物大パターンC面

Iのデザインと同じで、丈だけをカットしました。スイムショーツとしても着られるように、無地のものは表地にコットンダンプ、ポケット袋布にはメッシュ生地（ポリエステル）を使用しています。プリントのほうは綿のビンテージ生地を使用しています。こちらは水着仕様ではありません。

作り方
準備…ウエストベルト、タブ、脇ポケット口 に接着芯をはる
　　ベルトの芯は5mm重ねばりにしてはぐ
　　後ろポケットの周囲にM
1　後ろポケットを作り、つける
2　脇ポケットを作る
3　脇を縫い、ステッチをかける
4　股下を縫う（2枚一緒にM。縫い代は前側に倒す）
5　2回ミシンで股ぐりを縫い（2枚一緒にM。縫い代は左側に倒す）、ステッチをかける
6　裏ベルトにゴムテープ通し口を作り、ループをはさんでベルトをつける
　　ゴムテープを通して口をかがる（→p.59）
7　裾を始末する
8　タブを作り、ウエストベルトにつけ、スピンドルを通す
＊Mはロックミシンまたはジグザグミシンをかけるの略

材料
コットンダンプの赤・ベージュ：150cm幅各1.1m（全サイズ）
綿のプリント：112cm幅1.2m（全サイズ）
メッシュ（脇ポケット袋布）：122cm幅40cm（コットンダンプ用）（全サイズ）
スレキ（脇ポケット袋布）：102cm幅40cm（綿のプリント用）（全サイズ）
接着芯（ウエストベルト、タブ、前脇ポケット口）：90cm幅60cm（全サイズ）
ゴムテープ（ウエストベルト）：3.5cm幅S=74、M=78、L=82、XL=86、XXL=90cm（縫い代2cm込み）
スピンドル（タブ、ループ）：太さ0.5cmを70cm
はとめ（タブ、後ろポケット）直径10mmを5組み

出来上り寸法表 （単位cm）

	S	M	L	XL	XXL
ウエスト	89.8	93.8	97.8	101.8	105.8
ヒップ	100.5	104.5	108.5	112.5	116.5
股上	23	23.5	24	24.5	25
股下	22	22	23	23	24

＊ウエストはゴムテープを伸ばした状態の寸法

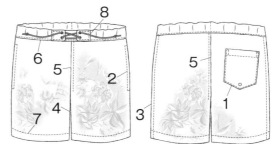

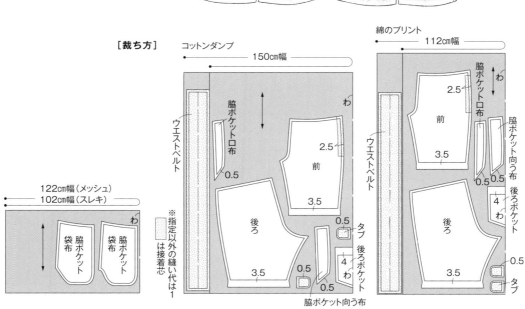

1 後ろポケットを作り、つける

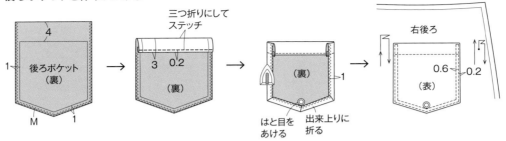

2 脇ポケットを作る

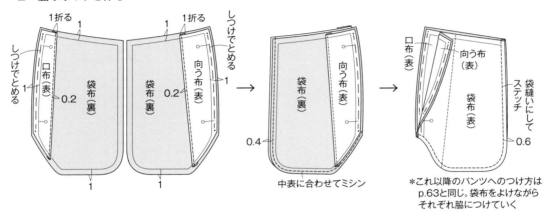

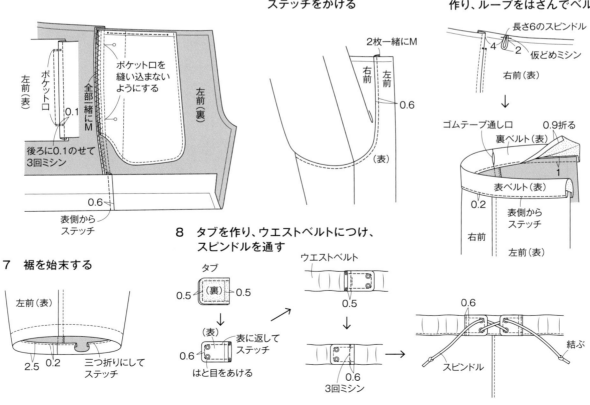

K [SPORT] イージーテーパード page 22　実物大パターンA,C面

Iのデザインとシルエットは同じですが、丈を8分と短くしています。ウエストは同じくひもで絞りますが、前あきをつけています。布地は張りのあるコットンダンプを使用。

材料
コットンダンプ:150cm幅1.5m(S〜L)、1.6m(XL〜XXL)
スレキ(脇ポケット袋布、後ろポケット袋布)
　:102cm幅1m(全サイズ)
接着芯(ウエストベルト、持出し、見返し、脇ポケット口布、後ろポケット口布、前脇ポケット口、後ろポケット位置、当て布)
　:90cm幅60cm(全サイズ)
ファスナー(エフロン):20cmを1本
ゴムテープ:3.5cm幅S=74、M=78、L=82、XL=86、XXL=90cm
　(縫い代2cm込み)

作り方
準備…ウエストベルト、持出し、見返し、脇ポケット口布、後ろポケット口布、前脇ポケット口、後ろポケット位置、当て布に接着芯をはる
ベルトの芯は5mm重ねばりにしてはぐ。前後の股ぐり、見返しの奥、脇ポケット口布と後ろポケット口布の奥、脇布の奥にM

1　後ろポケットを作る(→p.30〜35、43〜44)。ボタンホールはあけない
2　脇ポケットを作る(→p.53)
3　あき止りから下の前股ぐりを縫う(縫い代は左側に倒す)
　(→p.37、45)
4　前あきを作る(→p.37、45)
5　脇を縫う(全部一緒にM。縫い代は後ろ側に倒す)(→p.54)
　脇の途中までステッチをかける
6　股下を縫う(2枚一緒にM。縫い代は前側に倒す)
7　2回ミシンで股ぐりを縫う(→p.39、46)
　縫い代を左側に倒し(あき止りの下は自然に倒す)、
　股ぐりにステッチをかける
8　ウエストベルトにひも通し口とゴムテープ通し口を作る
　(→p.59)
9　ウエストベルトをつける(→p.59)
10　裾を始末する
11　ウエストひもを作る(→p.59)
12　ウエストベルトにゴムテープとひもを通し、後ろ中心をステッチでとめる(→p.59)。ゴムテープ通し口をとじる

*Mはロックミシンまたはジグザグミシンをかけるの略
*裁ち方はp.68

出来上り寸法表
(単位cm)

	S	M	L	XL	XXL
ウエスト	89.8	93.8	97.8	101.8	105.8
ヒップ	100.5	104.5	108.5	112.5	116.5
股上	23	23.5	24	24.5	25
股下	66	66	66	66	66

*ウエストはゴムテープを伸ばした状態の寸法

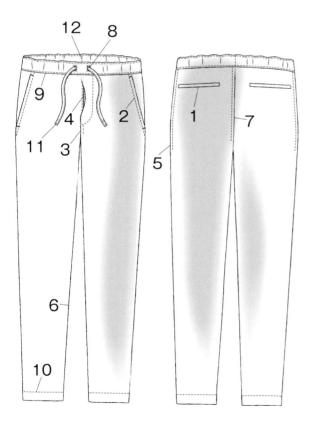

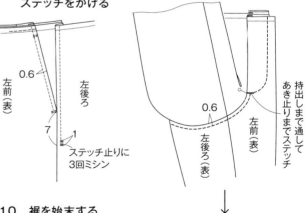

5　脇を縫い、脇の途中までステッチをかける

7　2回ミシンで股ぐりを縫い、ステッチをかける

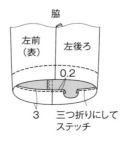

10　裾を始末する

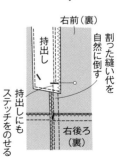

L [SPORT] イージーテーパードショーツ　page 23　実物大パターンA,C面

Kのデザインと同じで、丈だけをカットしました。張りのある綿の平織りを使用しています。

材料
セーリングクロス:120cm幅1.6m（全サイズ）
スレキ（脇ポケット袋布、後ろポケット袋布）
　:102cm幅1m（全サイズ）
　接着芯（ウエストベルトベルト、持出し、見返し、脇ポケット口布、後ろポケット口布、前脇ポケット口、後ろポケット位置、当て布）:90cm幅60cm
ファスナー（エフロン）:20cmを1本
ゴムテープ:3.5cm幅S=74、M=78、L=82、XL=86、XXL=90cm
　（縫い代2cm込み）

作り方
Kと同じ（p.67参照）
＊ウエストひもははぐ

出来上り寸法表　（単位cm）

	S	M	L	XL	XXL
ウエスト	89.8	93.8	97.8	101.8	105.8
ヒップ	100.5	104.5	108.5	112.5	116.5
股上	23	23.5	24	24.5	25
股下	25	25	26	26	27

＊ウエストはゴムテープを伸ばした状態の寸法

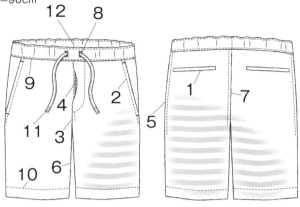

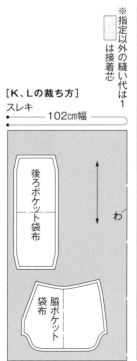

M WORK ファイブポケットストレート _page 24_ 実物大パターンB面

比較的柔らかいデニム生地を使用しています。ステッチは色を変えて、20番ミシン糸のオレンジでダブルステッチをかけています。リベットはお好みでつけてください。

材料
デニム：148cm幅1.5m（全サイズ）
スレキ（脇ポケット袋布）：102cm幅30cm（全サイズ）
接着芯（持出し、見返し、ウエストベルト、前脇ポケット口）
　　　　：90cm幅60cm（全サイズ）
ファスナー（金属）：15cmを1本
タックボタン（前中心）：直径18mmを1個
リベット（脇ポケット、ウォッチポケット）：直径1cmを6組み
レザーパッチ：5×8.5cmを1枚
20番ミシン糸

作り方
準備…持出し、見返し、ウエストベルト、前脇ポケット口に接着芯を
　　　はる
　　　前股ぐり、股下、見返しの奥、後ろポケットの周囲にM
1　後ろとヨークを縫い合わせ、ステッチをかける
　　後ろ脇と股ぐりにM
2　後ろポケットを作り、つける
3　脇ポケットを作り、前脇にMをかける
4　あき止りから下の前股ぐりを縫う（縫い代は割る）（→p.37、45）
5　前あきを作る
6　股下を縫い（縫い代は前側に倒す）、ステッチをかける
7　2回ミシンで股ぐりを縫う（→p.39、46）
　　縫い代を左側に倒し（あき止りの下は自然に倒す）、後ろ股ぐりに
　　ステッチをかける
8　脇を縫う（縫い代は途中まで後ろに倒して残りは割る）
　　後ろに倒した縫い代をステッチで押さえる
9　裾を始末する
10　ウエストベルトを作り、つける
11　ベルトループを作り、つける
12　ボタンホールを作り、ボタンをつける
　　脇ポケットとウォッチポケットにリベットをつける
　　ウエストベルトにレザーパッチをつける
*Mはロックミシンまたはジグザグミシンをかけるの略

出来上り寸法表
（単位cm）

	S	M	L	XL	XXL
ウエスト	80	84	88	92	96
ヒップ	97.7	101.7	105.7	109.7	113.7
股上	25	25.5	26	26.5	27
股下	82	82	82	82	82

[裁ち方]

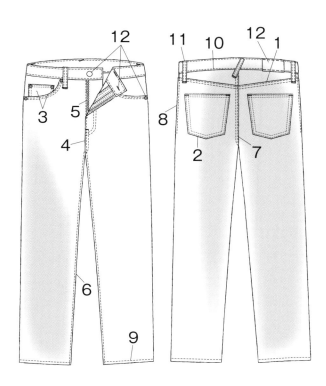

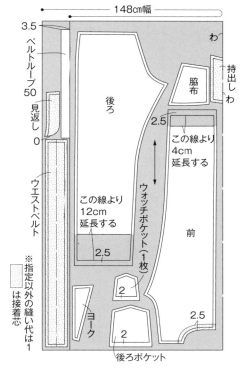

1 後ろとヨークを縫い合わせ、ステッチをかける

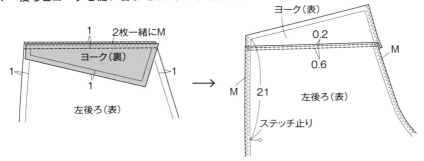

2 後ろポケットを作り、つける

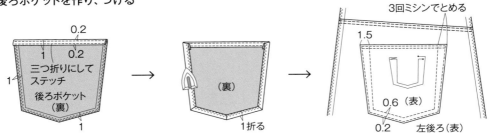

3 脇ポケットを作る

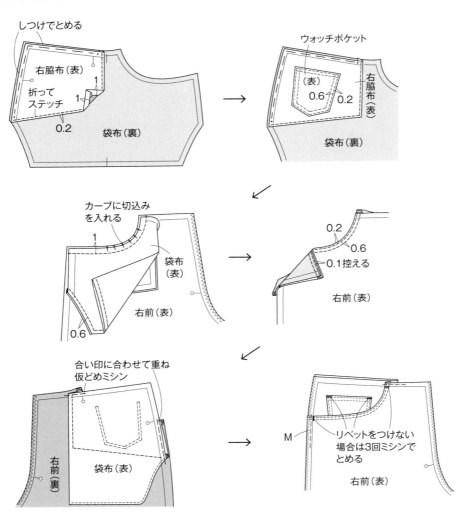

5 前あきを作る

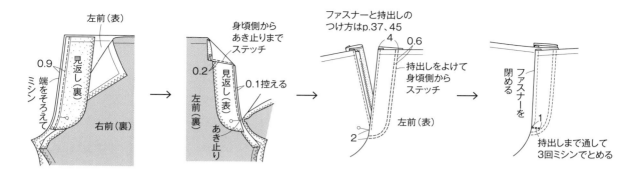

6 股下を縫い、ステッチをかける
7 2回ミシンで股ぐりを縫う。縫い代を左側に倒し、後ろ股ぐりにステッチをかける

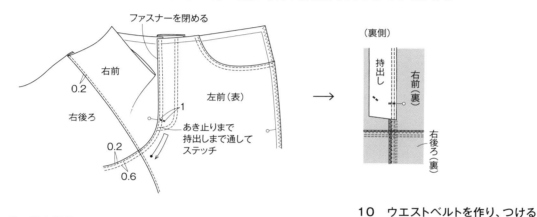

8 脇を縫う

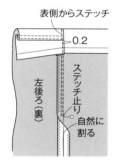

9 裾を始末する

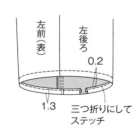

10 ウエストベルトを作り、つける

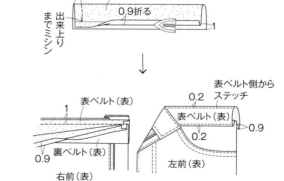

11 ベルトループを作り、つける (p.40.47)
12 ボタンホールを作り、ボタンをつける (p.40.47)
　　脇ポケットとウォッチポケットにリベットをつける
　　ウエストベルトにレザーパッチをつける

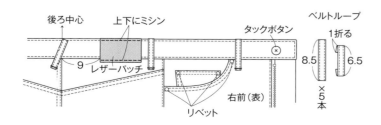

N [WORK] ファイブポケットショーツ page26　実物大パターンB面

Mのデザインと同じで、丈だけをカットしました。パッチワークされたコーデュロイ生地でカジュアルな印象です。20番ミシン糸の白でダブルステッチをかけています。柄を合わせる場合には脇でそろえるときれいに仕上がります。

材料
コーデュロイ：112cm幅1.5m（全サイズ）
スレキ（脇ポケット袋布）：102cm幅30cm（全サイズ）
接着芯（持出し、見返し、ウエストベルト、前脇ポケット口）
　：90cm幅60cm（全サイズ）
ファスナー（金属）：15cmを1本
タックボタン（前中心）：直径18mmを1個
レザーパッチ：5×9.5cmを1枚
20番ミシン糸

作り方
Mと同じ（p.69〜71参照）
＊リベットはつけない

出来上り寸法表　　　　　　　　　　（単位cm）

	S	M	L	XL	XXL
ウエスト	80	84	88	92	96
ヒップ	97.7	101.7	105.7	109.7	113.7
股上	25	25.5	26	26.5	27
股下	22	22	23	23	24

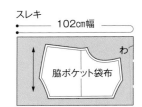

[裁ち方]

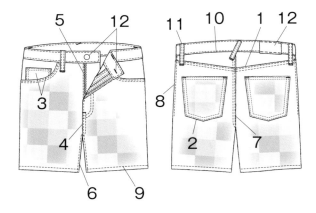

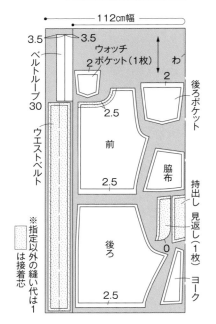

O [WORK] ワイドベーカー page 27 実物大パターンA、D面

ゆったりとしたワイドシルエットのパンツはリネンキャンバス地を使用しています。生地と同色の20番ミシン糸でステッチをかけています。前後共にパッチポケット仕様なので、比較的簡単に作ることができます。

出来上り寸法表
（単位cm）

	S	M	L	XL	XXL
ウエスト	93	97	101	105	109
ヒップ	103	107	111	115	119
股上	25	25.5	26	26.5	27
股下	69	69	69	69	69

＊ウエストはゴムテープを伸ばした状態の寸法

材料
リネンキャンバス：136cm幅2.2m（全サイズ）
接着芯（ウエストベルト、持出し、見返し、脇ポケット口、
　後ろポケット口、当て布）：90cm幅60cm（全サイズ）
ファスナー（金属）：16cmを1本
ゴムテープ：3cm幅S=74、M=78、L=82、XL=86、XXL=90cm
　（縫い代2cm込み）
麻テープ：2cm幅1.5m
ボタン（後ろポケット）：直径18mmを2個
20番ミシン糸

作り方
準備…ウエストベルト、持出し、見返し、脇ポケット口、後ろポケット口、
　当て布に接着芯をはる
　ベルトの芯は5mm重ねばりにしてはぐ
　前後の股ぐり、見返しの奥、脇ポケットと後ろポケットの周囲にM
1　後ろポケットを作り、つける
2　脇ポケットを作り、つける
3　あき止りから下の前股ぐりを縫う（縫い代は割る）（→p.37、45）
4　前あきを作る（→p.37、45）
5　脇を縫い（2枚一緒にM。縫い代は後ろ側に倒す）、
　　ステッチをかける
6　股下を縫う（2枚一緒にM。縫い代は前側に倒す）
7　2回ミシンで股ぐりを縫う（→p.39、46）
　　縫い代を左側に倒し（あき止りの下は自然に倒す）、後ろ股ぐりに
　　ステッチをかける（→p.67）
8　ウエストベルトにひも通し口とゴムテープ通し口を作る（→p.59）
9　ウエストベルトをつける（→p.59）
10　裾を始末する
11　麻テープを二つ折りにして縫い、ウエストひもにする（→p.64）
12　ウエストベルトにゴムテープとひもを通し、後ろ中心をステッチで
　　とめる（→p.59）
　　ゴムテープ通し口をとじる
　　後ろポケットにボタンをつける
＊Mはロックミシンまたはジグザグミシンをかけるの略

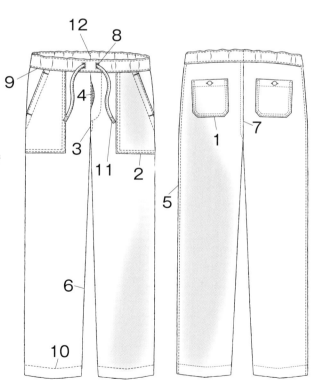

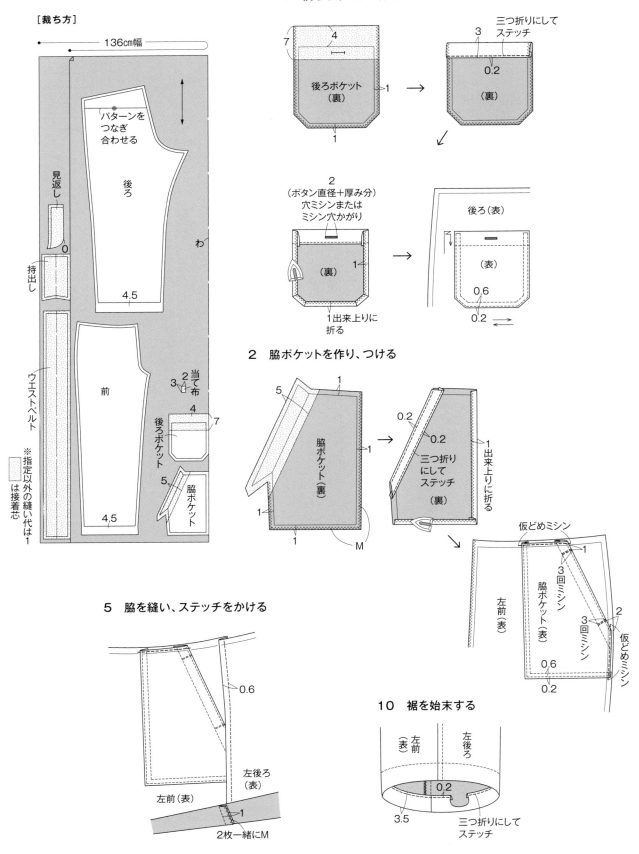

P WORK オーバーオール page 28　実物大パターンA, D面

ストライプヒッコリー素材であまり厚手でないものを使用しています。20番ミシン糸の白でかけたダブルステッチがボーイッシュな印象を与えています。

出来上り寸法表 （単位cm）

	S	M	L	XL	XXL
ウエスト	93	97	101	105	109
ヒップ	103	107	111	115	119
股上	25	25.5	26	26.5	27
股下	82	82	82	82	82

＊デザインの特性上、ウエストは大きい設定になっています

材料
ストライプヒッコリー：112cm幅3.6m（全サイズ）
スレキ（胸ポケット裏当て、ウエスト裏当て、脇ポケット袋布）
　：102cm幅60cm（全サイズ）
接着芯（胸当て見返し、ウエスト裏当て布、脇ポケット口布、
　脇ポケット口、持出し、見返し）：90cm幅60cm（全サイズ）
ファスナー（金属）：16cmを1本
タックボタン（胸、脇）：直径17mmを6組み
フック、バックル（肩紐）：直径40mmを各2個
20番ミシン糸

作り方
準備…胸当て見返し、ウエスト裏当て布、脇ポケット口布、
　脇ポケット口、持出し、見返しに接着芯をはる
　前後の股ぐり、見返しの奥、脇ポケット口布の奥、脇布の奥、
　後ろポケット、ドライバーポケットの一部にM
1　ドライバーポケット、後ろポケット、ハンマーループを作り、つける
2　胸ポケットを作り、つける
3　胸当てを縫い合わせ、ステッチをかける
4　胸当てと胸当て見返しを合わせて縫い返す
5　脇ポケットを作る（→p.53）
6　あき止りから下の前股ぐりを途中まで縫う（縫い代は割る）
　（→p.37、45）
7　前あきを作る（→p.37、45）
8　胸当てと前パンツ、ウエスト裏当てを縫い合わせる
　（縫い代は胸当て側に倒す）
　当て布を整えてステッチをかける
9　脇と胸当ての始末をする
10　股下を縫う（2枚一緒にM。縫い代は前側に倒す）
11　裾を三つ折りにして縫う
12　2回ミシンで股ぐりを縫う（→p.39、46）
　縫い代を左側に倒し（あき止りの下は自然に倒す）、
　股ぐりにステッチをかける（→p.67）
13　肩ひもを作る
14　肩ひもと後ろパンツを縫い合わせる
15　ボタンホールを作り、ボタンをつける（→p.47）
　肩ひもにフックとバックルをつける
＊Mはロックミシンまたはジグザグミシンをかけるの略

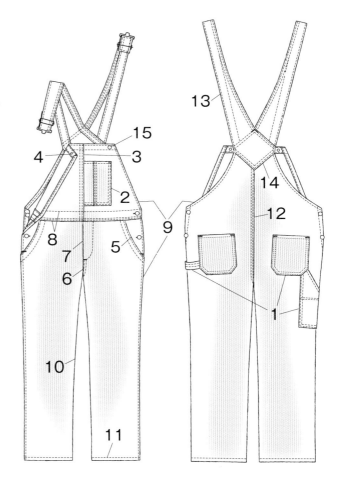

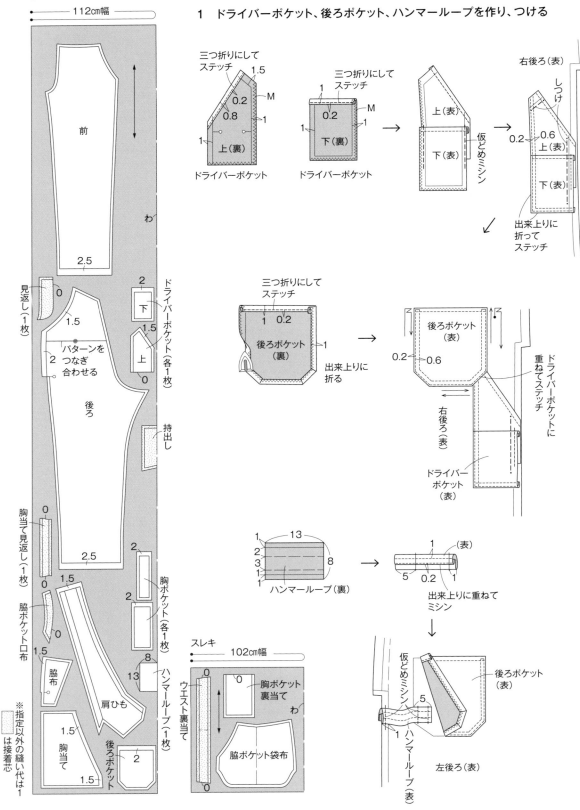

2 胸ポケットを作り、つける

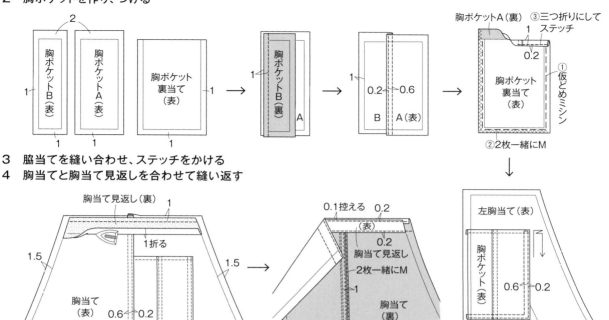

3 脇当てを縫い合わせ、ステッチをかける
4 胸当てと胸当て見返しを合わせて縫い返す

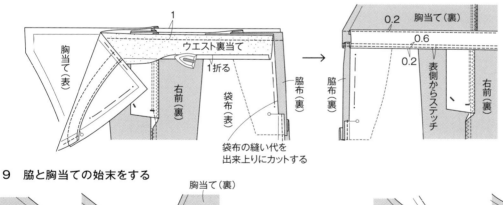

8 胸当てと前パンツ、ウエスト裏当てを縫い合わせる

9 脇と胸当ての始末をする

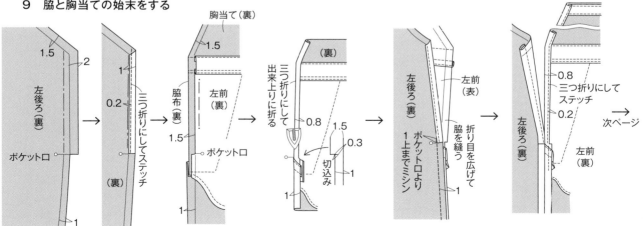

次ページ

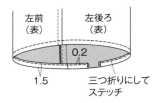

11 裾を始末する

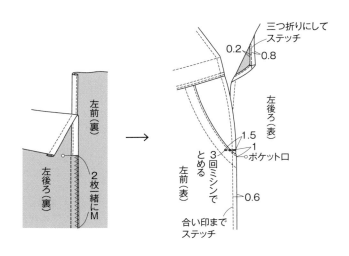

13 肩ひもを作る

14 肩ひもと後ろパンツを縫い合わせる

15 ボタンホールを作り、ボタンをつける
　　肩ひもにフックとバックルをつける

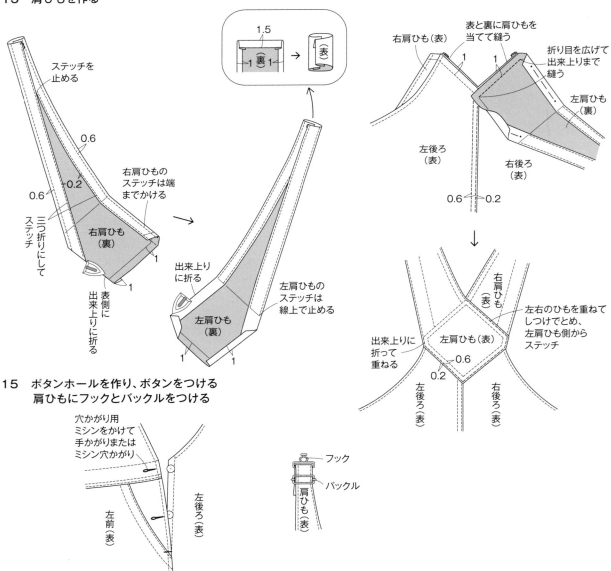

メンズシャツに続き、第2弾としてトライしたメンズパンツの書籍。現場の心地よい空気感がそのまま表現されたような書籍になりました。
この本のために集まってくださった、ブックデザイナーの林さん、カメラマンの平野さん、スタイリストのmickさん、ヘアメイクの廣瀬さん、そして本業とは別ですが、モデルをしてくださった二世さん、ヨースケさん、原さんありがとうございました。感謝、感謝です。
また今回も引き続き快く協力してくださった生地屋さん、付属屋さん、パタンナーさん、工場のかたがた。大変お世話になりました。皆さまのご協力があってこそ、このような作品を作ることができ、誠にありがとうございました。

杉本善英

1989年オンワード樫山、メンズ事業本部に入社。アシスタントを経て、30代に「23区オム」チーフデザイナー、40代に「Jプレス」チーフデザイナーを歴任。46歳で独立。妻、杉本伸子のリゾートウェアブランド「HAYAMA SUNDAY」に携わるかたわら、大手アパレルの外部デザイナーとして活躍。メンズシャツの出版を機に、自らのオリジナルメンズウェアブランド「SUNDAY&SONS」(サンデー&サンズ)を立ち上げる。著書に『カジュアルからドレスアップまでのメンズシャツ』(文化出版局刊)がある。

提供
豊島、ジイプリモ、済南奥仕制衣有限公司(縫製)
有延商店、ティーエイチネクスト、nunohaco(生地)

協力
三景(付属)
shuttle notes、双日ファッション、柴屋(生地)

衣装協力
ACCHA/MOJA PRODUCTION
http://www.accha-clothing.com
STAMP tenugui
http://garapy.thebase.in

撮影協力
AWABEES tel.03-5786-1600
http://www.awabees.com
UTUWA tel.03-6447-0070
http://awabees.com/user_data/utuwa.php
EASE(イーズ) tel.03-5759-8266
http://iziz.co.jp/rental/ease_catalog/

杉本善英の本

カジュアルからドレスアップまでの
メンズシャツ

シルエットのきれいな
メンズパンツ

2017年3月3日　第1刷発行
2020年12月21日　第2刷発行
著　者　杉本善英
発行者　濱田勝宏
発行所　学校法人文化学園　文化出版局
　　　　〒151-8524　東京都渋谷区代々木3-22-1
　　　　tel.03-3299-2487（編集）
　　　　tel.03-3299-2540（営業）
印刷・製本所　株式会社文化カラー印刷
©Yoshihide Sugimoto 2017　Printed in Japan
本書の写真、カット及び内容の無断転載を禁じます。

・本書のコピー、スキャン、デジタル化等の無断複製は著作権法上での例外を除き、禁じられています。
　本書を代行業者等の第三者に依頼してスキャンやデジタル化することは、たとえ個人や家庭内での利用でも著作権法違反になります。
・本書で紹介した作品の全部または一部を商品化、複製頒布、及びコンクールなどの応募作品として出品することは禁じられています。
・撮影状況や印刷により、作品の色は実物と多少異なる場合があります。ご了承ください。

文化出版局のホームページ　http://books.bunka.ac.jp/

Staff
ブックデザイン　林　瑞穂
カメラマン　平野太呂
スタイリスト　mick
ヘアメイク　廣瀬瑠美
モデル　宮内洋輔　山岸二世　原　晃子
パターン製作　大西　聡
パターングレーディング　上野和博
プロセス、作り方解説　助川睦子
校閲　向井雅子
編集　平井典枝（文化出版局）

Special Thanks
杉本伸子